Uli Stein

Viel Spaß im Garten!

Lappan

Uli Stein, 1946 geboren, ist der erfolgreichste und bekannteste Cartoonist Deutschlands. Nach dem Abi studierte er Pädagogik, entschied sich aber kurz vor dem Staatsexamen gegen eine Beamtenlaufbahn und begann zu fotografieren und zu schreiben.
Seine Nonsens- und Satirentexte bescherten ihm eine eigene Sendung beim Saarländischen Rundfunk, bevor er eher nebenbei entdeckte, dass er die Pointen seiner komischen Einfälle mit dem Zeichenstift schneller auf den Punkt bringen konnte als mit vielen Worten.
So entstanden seine ersten Cartoons, deren Figuren im Laufe der Jahre zu den unverwechselbaren Charakteren wurden, die heute Millionen Menschen kennen und lieben. Seine Cartoons erschienen zuerst in Zeitungen und Zeitschriften, danach in Büchern und auf zahlreichen Produkten. Allein im deutschsprachigen Raum sind mehr als neun Millionen Cartoonbücher von Uli Stein verkauft worden.
Viele der Bücher, die nicht selten in den Bestsellerlisten zu finden sind, sind in andere Sprachen bis hin nach China und Korea übersetzt worden.
Uli Stein lebt und arbeitet in der Nähe von Hannover.

Limitierte Sonderausgabe

Printed in Italy, ISBN 978-3-8303-6117-6
www.lappan.de

Postfach 101969 · D-30840 Langenhagen, Fax: 0511/72616-47, www.catprint.de
www.ulistein.de

MEINE FRAU IST VERREIST, ABER SIE HAT MIR FÜR ALLES ZETTEL HINGELEGT ...
Pflaster ist in der Haus-apotheke.

Profi Tipps:

Leonie K. aus O.:
Mein Zimmerfarn hat in letzter Zeit so einen metallischen Schimmer. Woran kann das liegen?

Das Wasser, mit dem Sie gießen, ist offensichtlich zu eisenhaltig. Geben Sie in Zukunft einen Löffel Enteiser ins Gießwasser!

Umgraben im Frühjahr ist nicht nur gut für den Boden, sondern auch für die Kondition. Wenns nur nicht so langweilig wäre. Mit Zimmermanns Doppelspaten geht es in der halben Zeit!

DIE WÜHLMÄUSE TREIBEN ES DIESES JAHR BESONDERS ARG ...
ACH JA?
SIE GRABEN IMMER GENAU DA, WO MAN ...
WO MAN WAS?

Biologisch düngen:

AUS DEM KOT EINE TUGEND MACHEN.

Sicher im Garten!

Kennen Sie das auch? Man ist gerade schön im Garten beim Umgraben und für einen winzigen Moment abgelenkt und schon hat man sich mit dem Spaten in die Zehen gestochen, und die neuen Socken sind auch ruiniert!

25 VON 100 KLEINGÄRTEN AHNEN GAR NICHT, WAS IHNEN ALLES BLÜHT!

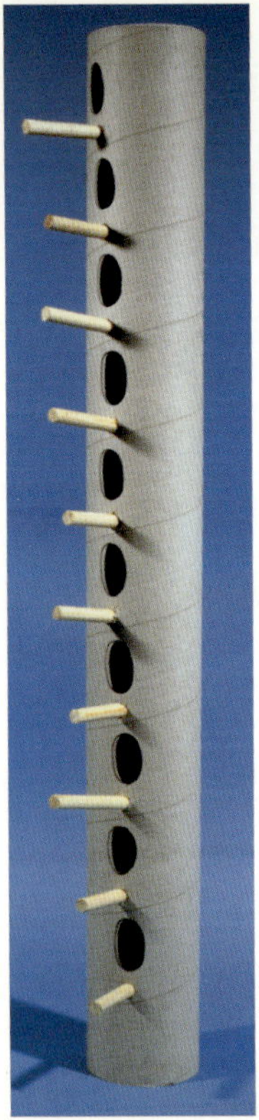

Wer nur ein kleines Gärtchen mit einem einzigen Baum sein Eigen nennt, möchte den nicht auch noch mit einem Dutzend Nistkästen vollhängen. Will man trotzdem eine große Vogelschar um sich haben, greift man zu Dr. Böttchers „Maxinistkasten".

Übrigens

... nicht immer lohnt sich die Anschaffung eines Motorpflugs. Besitzer kleinerer Gärten sollten sich deshalb nach einem wesentlich preiswerteren Charterpflug umsehen.

VIELE HUNDE SIND DES RASEN TOD!

(Kleingärtnererfahrung)

Wussten Sie schon…

… dass sich englische Gärtner mit „Heu do you do?“, spanische mit „Aster la vista!“ und deutsche mit einem zackigen „Pflückauf“ begrüßen?

… dass ein mickriger Kaffeestrauch noch lange kein Bohnsai ist?

PFLANZEN SCHUTZ REPORT

1. Schmierblättriger Ölwannerich: verbessert die Luft im Mortorraum. Wird bei der Inspektion oft mit dem Ölmaßstab verwechselt und achtlos herausgezogen.

Zu häufiges Autowaschen, Achtlosigkeit bei der Inspektion und unablässiges Wienern der Chromteile gefährden eine ganze Reihe von seltenen Pflanzen, die an unseren Autos noch vor zwanzig Jahren heimisch waren, aber mittlerweile bedroht oder gar schon ausgestorben sind. Hier die am meisten gefährdeten Arten:

2. Kühlerwinde:
Bildet häufig eine Wachs- und Blühgemeinschaft mit der genügsamen Haubnessel. Ist besonders unempfindlich gegen Zugluft und anfliegende Insekten. Natürliche Feinde: Auffahrunfälle und Scheuerpulver.

3. Kreuzschlüsseliges Felgentäschel:
Entf. verw. mit dem Achsschenklerich. Soll beim Radwechsel kühl und dunkel aufbewahrt werden, bevor es wieder an seinen Platz zurückkehrt.

4. Keilige Riemenflechte:
Gehört zur Familie der Pannengewächse, ist aber ungefährlich, wenn man sie im Frühjahr und im Herbst (nach dem Abblühen) immer behutsam zurückschneidet.

Der Winter naht ...!

Macht man im Herbst letzte Gartenarbeiten, stößt man unter Laubhaufen nicht selten auf Blindschleichen, die sich bereits zum Winterschlaf zurückgezogen haben und schon in ihre Winterstarre gefallen sind. Behutsam wieder mit Laub zudecken und schön schlafen lassen, gell?

JETZT AN IHRER GARTENLEITER DIE SOMMERSPROSSEN GEGEN DIE WINTERSPROSSEN TAUSCHEN!

WAS DEM ANGLER SEIN LATEIN, IST DEM GÄRTNER SEIN BLATTDEUTSCH!

KAKTEEN
10,- EURO
Der Letzte:
5,- EURO
KAKTEEN
EURO
etzte:
5,- EURO
KAKTEEN
10,- EURO
Der Letzte:
5,- EURO
KAKTEEN
10,- EURO
Der Letzte:
5,- EURO

Sie fragen – Wir antworten

Martina F. aus H.: *Während bei meiner Freundin die Geranien wunderhübsch angegangen sind, wuchern bei mir nur krakelige Gebilde. Was soll ich tun?*

Die Geranien wieder herausnehmen und richtig herum einpflanzen.

Erika V. aus L.: *Anstatt hübsch gerade nach oben zu wachsen, ist mein Zimmerfarn schief und krumm. Was habe ich falsch gemacht?*

Zimmerfarne gehören zu den neugierigsten Gewächsen. Wenn Sie Ihren Farn auf den Fernseher stellen, so will er natürlich was vom Programm sehen. Er reckt sich dann, wie auf Ihrem Foto. Platzieren Sie ihn am Besten so, dass er das Fernsehgerät immer gut im Auge hat.

WAS IST DAS? DÜNGER?
NEIN ... DEINE KOMISCHEN SKATFREUNDE HABEN BIER UND KORN IN MEINE PALME GEGOSSEN ...
... ES IST EIN ASPIRIN ...

Nichts ist ärgerlicher ...

... als wenn man sich beim Harken dauernd bücken muss, um die lästigen Schnecken aufzusammeln. Wir raten:

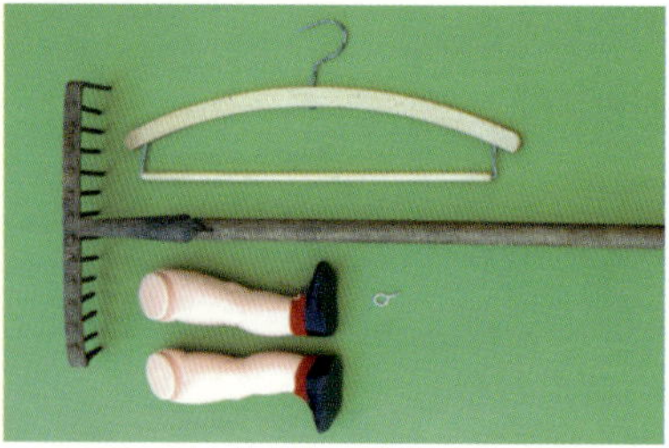

Besorgen Sie sich einen Hosenbügel, eine Öse und zwei ausrangierte Puppenbeine.

Befestigen Sie die beiden Beine an den Bügelenden und das Ganze an der Harke. So können Sie unbeschwert darauflosharken, und sobald Sie auf eine Schnecke treffen ...

... sie mit einem kurzen, aber kräftigen Tritt auf den Bügel in Nachbars Garten kicken.

ICH? DEN GARTEN UMGRABEN? ICH WÜSSTE GAR NICHT, WONACH ICH SUCHEN SOLLTE ...?

Unsere Gartenzwerge!

Verzichten möchte man auf die liebgewonnenen kleinen Kerlchen ja auch nicht – wenn nur nicht die Nachbarn ständig spöttisch über den Gartenzaun schielen und ein ums andere Mal kopfschüttelnd so etwas wie „Alte Spießer" murmeln würden.

Der gute Tipp:

Streichen Sie ihre Zwerge grün an, dann fallen sie nicht mehr so unangenehm auf!

Blumenpott-Pourri mit den schönsten Farnliedern der letzten zwanzig Jahre, zum Beispiel mit

„Old McDonald had a farn ...",
„Theoooooooo – wir farn nach Lodz",
„Es farn zwei Königskinder ..."

und vielen anderen.

(Von Farner Brothers Comm.)

AUF DIE HARKE GETRETEN? NA NUN STELLEN SIE SICH MAL NICHT SO AN ... SIE HABEN JA NOCH NICHT MAL 'NE BEULE!

ICH GLAUBE NICHT,
DASS MAN DICH SO AUF
DIE FENSTERBANK
LÄSST ...

MEIN NEUES HOBBY: MACH ICH AUS GEPRESSTEN BLUMEN ...
TOLL! UND WIE PRESST MAN DIE?
ERWIN? KANNSTE MAL EBEN AUFSTEHEN ...?

Blumentopferde muss regelmäßig gelockert werden. Schnell, bequem und sauber macht das dieser elegante französische Blumenübertopf mit elektrisch betriebenem Lockerungswerk (stufenlos schaltbar).

Übrigens …

… wer auf sein eigenes Gärtchen sparen will, sollte von Dewiesenspekulationen die Finger lassen. Wer sein Geld nicht in einen Baumsparvertrag einzahlt, sollte zumindest ein Kompostsparbuch anlegen.

Das sollten Sie …

… zur Hand haben, falls Sie mit Ihrer Gartenschubkarre mal eine Panne haben: ein Farndreieck.

KEINE AHNUNG, WIE ER HEISST ... ICH KENNE IHN AUCH NUR VOM SÄEN ...

Umtopfen leicht gemacht!

Das Umtopfen der Zimmerpflanzen war bislang eine mühevolle Angelegenheit – vor allem, wenn sich der grüne Liebling nicht aus dem Topf herausnehmen lassen wollte. Die Geschenkidee: Dr. Panzers Schnell-Umtopfübertopf:

Ein Knopfdruck genügt und die Pflanze wird mitsamt Wurzelwerk ausgefahren und braucht nur noch umgesetzt zu werden.

SELBSTVERSTÄNDLICH LIEFERN WIR IHNEN DEN KAKTUS AUCH NACH HAUSE! DAFÜR IST UNSER HERR KARL ZUSTÄNDIG ...
HERR KARL ...?

MAN MUSS SICH NACH DER HECKE STRECKEN!

(Alte Gärtnerregel)

DAS GEHT JA WOHL NICHT MIT RECHTEM DÜNGEN ZU!

(Fassungsloser Kleingärtner über die Riesentomaten seines Nachbarn)

SAMENTÜTCHEN SIND ALLER ASTER ANFANG!

(Alte Gärtnerregel)

WAS MEINST DU MIT „ES GIBT ÜBERHAUPT KEINE MAXI-BONSAIS!"?
STEIN

Fein raus ...

... sind Sie, wenn Sie im Frühjahr einen langen Faden durch alle Blätter gezogen haben: Dann brauchen Sie im Herbst das heruntergefallene Laub nur noch aufzuwickeln!

KANN ES SEIN, DASS DU UNSERE KLETTERPFLANZE ZU WENIG GIESST?

Regenwasser ...

... ist gerade für Zimmerpflanzen ideal. Wer seine Blumen liebt, besorgt sich ein Wässerungs-Set im Fachhandel: Einen Rinnenkragen und zwei Blumentopfhalterungen ...

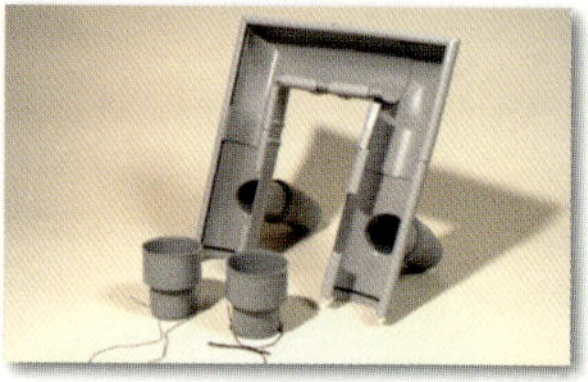

Die Topfhalter werden einfach auf den Schuhen befestigt, und wenn Sie dann auf dem täglichen Weg ins Büro den Rinnenkragen anlegen, werden Ihre Blumentöpfe mühelos und perfekt bewässert!

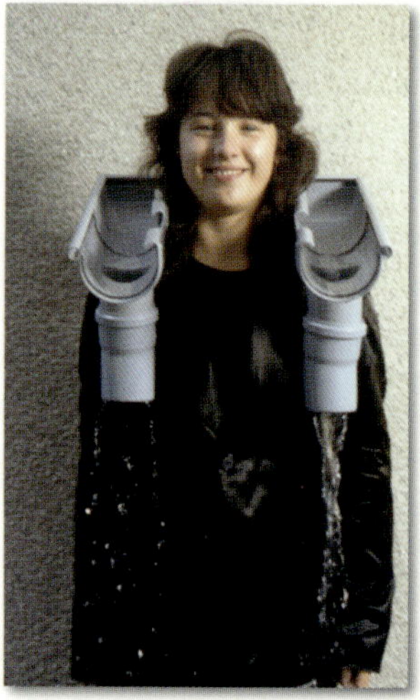

AUF EINE HARKE ZU TRETEN IST JA SCHON UNANGENEHM GENUG – ABER NUN RATEN SIE MAL, WAS MIR GERADE PASSIERT IST ...

Wenn ein Aschenbecher fehlt, vergreifen sich die Raucher gern an den Blumentöpfen, was den Pflanzen nicht gerade zuträglich ist. Weitsichtige Blumenfreunde verwenden deshalb Übertöpfe mit eingearbeitetem Notaschenbecher.

Wussten Sie schon ...

... dass Pflanzplantation der gärtnerische Fachausdruck für Umtopfen ist?

... dass man alte, erfahrene Gärtner auch als Säbären bezeichnet.

WENN ICH MEINE BRILLE WIEDERGEFUNDEN HABE, HELFE ICH AUCH BEI DER SUCHE NACH IHRER ENTLAUFENEN BLINDSCHLEICHE. VORHER NEHMT IHR ABER ERST MAL DEN FUSS VOM SCHLAUCH ...

Hier spricht der Gartenexperte:

Yasmin C. aus L.:
Warum haben Blumentöpfe eigentlich immer ein Loch im Boden?

Nichts ist für prächtigen Wuchs so gut wie Regenwasser. Und die gängige Methode, Topfpflanzen Regenwasser zukommen zu lassen, ist nun mal, sie an Regentagen auf dem Schirm mit

nach draußen zu nehmen – auf dem Weg zur Arbeit oder auf einem Spaziergang …

… und wie soll der Topf auf dem Schirm halten, wenn man die Schirmspitze nicht durch das Loch stecken kann? Also!

KOMISCH – UNSERE MÖHREN WERDEN DIESES JAHR ÜBERHAUPT NICHT GRÖSSER!

VIEL SPASS MIT Uli Stein

Limitierte Jubelausgaben 2007:

ISBN 978-3-8303-6116-9

ISBN 978-3-8303-6119-0

ISBN 978-3-8303-6118-3

ISBN 978-3-8303-6115-2

ISBN 978-3-8303-6120-6

ISBN 978-3-8303-6121-3

ISBN 978-3-8303-6122-0

ISBN 978-3-8303-6123-7

ISBN 978-3-8303-6124-4

www.lappan.de · www.ulistein.de